ЗАКОН ПАРКИНСОНА

Управляйте временем и повышайте производительность

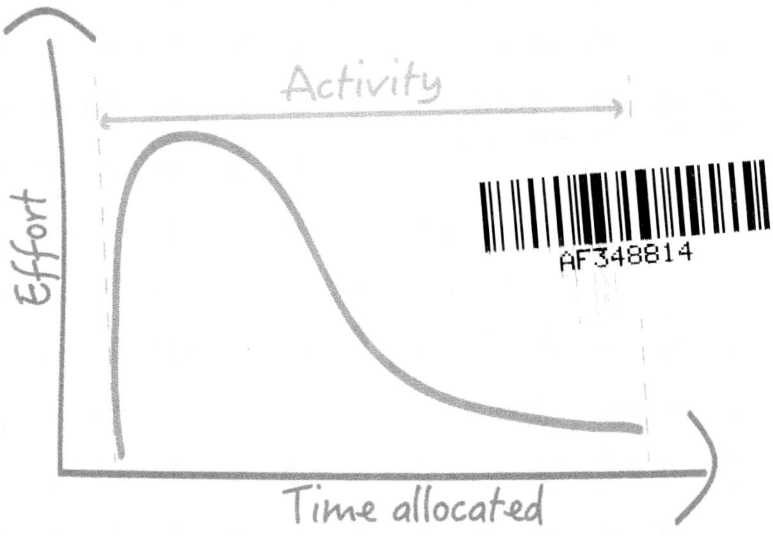

50MINUTES.com

ЗАКОН ПАРКИНСОНА

Управляйте временем и повышайте производительность

написанный Pierre Pichère
в переводе Nastia Abramov

ЗАКОН ПАРКИНСОНА

КЛЮЧЕВАЯ ИНФОРМАЦИЯ

- **Название:** Закон Паркинсона.

- **Применение:** государственное управление, администрирование, государственные услуги, управление человеческими ресурсами.

- **Почему она успешна?** Это юмористическая, но очень убедительная теория о склонности администрации к росту, независимо от объема необходимой работы.

- **Ключевые слова:** государственный служащий, администрация, рабочее время, государственное управление, бюрократия.

ВВЕДЕНИЕ

Разрушая традиционные представления о рабочем времени, "Закон Паркинсона" с юмором подчеркивает функционирование бюрократической администрации во второй половине 20-го века.

Полный британского юмора и относящийся к периоду, когда извращенные эффекты бюрократии осуждались (вспомните знаменитый роман Джорджа Оруэлла *"1984"*, опубликованный в 1949 году), Сирил Норткот Паркинсон (1909-1993), британский историк, в 1955 году опубликовал статью, в которой представил закон Паркинсона. Этот закон гласит, что количество сотрудников государственной

служба растет с заданной скоростью (выведенной по
образной математической формуле), независимо от объема работы, которую необходимо выполнить.

# ОПРЕДЕЛЕНИЕ ПОНЯТИЯ

Закон Паркинсона основан на трех утверждениях:

человек, которому нужно сделать работу, использует
все имеющееся время для ее завершения;

сотрудники всегда предпочитают иметь подчиненного,
а не конкурента;

сотрудники взаимно создают работу.

Эти три утверждения объясняют естественную тенденцию к увеличению числа сотрудников. Несмотря на то,
что закон Паркинсона является в значительной степени
юмористическим, его преимущество в том, что он
доходчиво объясняет развитие бюрократии.

ТЕОРИЯ

Государство обеспечивает выполнение задач публичной власти (правосудие, полиция, дипломатия и т.д.). В дополнение к этой исторической функции, на протяжении 20-го века были разработаны социальные льготы для обеспечения образования, здравоохранения, медицинского страхования и пенсий. Хотя это второе измерение действует по-разному в разных странах, его можно найти повсюду в Европе, известное как "государство всеобщего благосостояния".

Для управления этой огромной операцией требуются агенты, называемые государственными служащими. Во Франции, например, это относится к членам трех гражданских служб (государственной, госпитальной и территориальной), но в более широком смысле это относится к государственным служащим в неюридическом смысле. Этот нюанс необходим для понимания сферы применения Закона Паркинсона, созданного британским автором, поскольку термин "государственный служащий" в других странах понимается по-разному.

👁 СОТРУДНИКИ ТРЕХ ГОСУДАРСТВЕННЫХ СЛУЖБ ФРАНЦИИ

В 2013 году во Франции работало 2,3 миллиона государственных служащих, 1,14 миллиона сотрудников больниц и 1,8 миллиона сотрудников территорий, что в общей сложности составляет 5,24 миллиона человек. Эти цифры включают владельцев и подрядчиков.

Применяя экономический подход, мы должны также включить работников финансируемых государством частных структур по оказанию общественных услуг. Таким образом, общая численность составляет около 6 миллионов человек, что составляет примерно 25% наемных работников во Франции.

Инстинктивно разум диктует государственным органам нанимать агентов для выполнения задач, которые он намерен на них возложить. По логике вещей, увеличение числа сотрудников должно соответствовать расширению сферы деятельности данного государственного органа. Закон Паркинсона был создан в противовес этой идее.

В статье, опубликованной им в 1955 году в известном журнале *The Economist*, Сирил Норткот Паркинсон построил прямо противоположные рассуждения. По его словам, рост числа государственных служащих составляет около 5,7% каждый год, независимо от объема работы, предоставляемой сотрудникам.

В аргументации Паркинсона чередуются серьезные данные и явное желание позабавить читателя. В предисловии, написанном для французского издания книги о законе Паркинсона, вышедшей в начале 1980-х годов, великий экономист и демограф Альфред Сови (1898-1990) цитирует Раймона Девоса (французский юморист, 1922-2006) и Жака Тати (французский сценарист и актер, 1907-1982) охотнее, чем британских классических экономистов Адама Смита (1723-1790) и Давида Рикардо (1772-1823), и причисляет

Паркинсона к величайшим фантазерам того времени. Однако эта фантазия, скорее демонстрирующая британский юмор, чем сам вывод, стала классической ссылкой в области государственного управления.

В качестве отправной точки своих рассуждений Сирил Норткот Паркинсон отмечает, что чем больше времени у человека есть на выполнение задачи, тем больше времени ему потребуется на ее выполнение. Он иллюстрирует это на примере пожилой женщины и молодого человека, которые должны отправить по открытке. Выбор открытки, написание текста, печать открытки и отправка ее по почте: все эти операции, безусловно, займут целый день у человека, которому больше нечем заняться, хотя у очень занятого человека эта задача займет не более получаса. Таким образом, между объемом необходимой работы и персоналом, выбранным для ее выполнения, нет никакой зависимости: это и есть принцип эффективности.

Закон Паркинсона основан на двух других утверждениях:

- **Государственные служащие всегда предпочитают иметь подчиненного, а не соперника.** Это утверждение продемонстрировано в статье Паркинсона. Если государственный служащий считает — справедливо или ошибочно — что у него слишком много работы, есть три варианта:

  ○ покинуть должность;

  ○ просьбу о приеме на работу другого сотрудника;

  ○ попросить подчиненного.

По причинам, связанным с его карьерой и потенциальным продвижением по службе, он предпочтет подчиненного, а не коллегу, который будет считаться конкурентом. Кроме того, чтобы между ним и его подчиненным не возникло соперничества, он предпочтет нанять двух подчиненных. Та же проблема возникнет через несколько лет с обоими этими новыми сотрудниками, так что через некоторое время там будут работать пять человек, вместо одного единственного, который работал там незадолго до этого.

- **Государственные служащие взаимно создают работу.** Увеличение штата приводит к утяжелению бюрократических процедур, что впоследствии оправдывает решение о найме. Если у служащего много работы после найма двух подчиненных, значит, он был перегружен до этого. Но, по словам Паркинсона, значительная часть его рабочей нагрузки приходится на новобранцев, поскольку теперь этапов проверки гораздо больше.

Из этих двух тенденций Паркинсон сформировал закон, которому он дал свое имя и который он выражает в математической формуле:

$$(2k^{m} + l) / n$$

- k представляет собой количество сотрудников, стремящихся к продвижению по службе путем назначения подчиненных себе в помощь;
- l представляет собой разницу между возрастом назначения на должность и возрастом выхода на пенсию;

- *m* представляет собой количество часов, отведенных на ответы на служебные записки в отделе;

- *n* представляет собой количество новых сотрудников, требуемых каждый год.

Чтобы найти темп роста, произведение умножается на 100, а затем делится на общее количество за предыдущий год (отмечено *yn*), что дает:

$$100(2k^m + p) / yn$$

Закон Паркинсона гласит, что эта ставка составляет от 5,17% до 6,56%, независимо от любых изменений в объеме выполняемой работы.

ОГРАНИЧЕНИЯ И РАСШИРЕНИЯ

Какова сфера применения закона Паркинсона? Научный вид теории подчеркивает ее провокационный характер. Однако, несмотря на то, что она задумана как юмористическая, она по-прежнему используется в размышлениях о бюрократии и ее негативных последствиях.

ОГРАНИЧЕНИЯ И КРИТИКА

Количественная оценка и скорость роста

Методологическую слабость закона, созданного Паркинсоном, легко определить, поскольку большинство значений уравнения не поддаются определению. Как можно определить количественные показатели государственных служащих, стремящихся к повышению? Для этого потребуется инструмент для чтения мыслей, которого у государства пока нет. Аналогично, измерение количества часов, потраченных на ответы на служебные записки, — хорошая мысль, но это означает сортировку между полезными и продуктивными ответами и теми, без которых государственная служба могла бы обойтись.

Поэтому результат уравнения – темпы роста между 5,17% и 6,56% – не следует принимать за чистую монету. В статье, опубликованной примерно через 20 лет после введения своего закона, Паркинсон попытался показать, что он работает. Изучая сотрудников британской государственной службы, он сам признал слабость статистической базы, на которой он строил свои рассуждения. Тем не менее, он пришел к выводу о действенности закона, проанализировав сотрудников некоторых британских органов власти, в частности, Министерства обороны. Однако эта статья снова имела сильный сатирический аспект, побуждая людей смеяться над ней.

Поэтому нам следует сохранять прежде всего логику закона Паркинсона, не слишком зацикливаясь на математической формуле, намерение которой, вероятно, скорее юмористическое, чем научное. Поэтому давайте рассмотрим основные моменты, которым мы можем научиться у Паркинсона:

- Время выполнения задания стремится к фактическому времени, имеющемуся для завершения работы.

- В бюрократической системе численность персонала имеет тенденцию к быстрому росту, что обусловлено стратегиями продвижения нынешних сотрудников, а также увеличением количества процедур, которые оправдывают увеличение числа людей, связанных с той или иной задачей. Это стремление к увеличению числа государственных служащих приводит к экономическому тупику. Фактически, эти должности финансируются за счет обязательных прямых дебетов, которые, таким образом, следуют тенденции к росту, достигая порога, который душит экономическую систему.

Неприменимость к компании и незнание руководства

Закон Паркинсона не может быть применен к компании, находящейся в условиях ограничения производительности и увеличения вариативности занятости. Напротив, такая компания будет склонна скорее сокращать свою рабочую силу, чем увеличивать ее. Хотя в действительности закон Паркинсона не соответствует техникам в области управления и человеческих ресурсов. Эти методы направлены на мотивацию команд с целью повышения производительности и, следовательно, борются с тенденцией к увеличению времени, необходимого для выполнения конкретной задачи.

СВЯЗАННЫЕ МОДЕЛИ И РАСШИРЕНИЯ

Закон Паркинсона известен и сегодня. Поэтому мы можем обратиться к другим законам или принципам, которые, для некоторых, используют современную терминологию и чьи предположения основываются на тех, которые сделал Паркинсон.

- В 1970 году **Лоуренс Дж. Питер** (канадский педагог, родился в 1941 году) сформулировал принцип, которому он дал свое имя, – Принцип Питера. Когда компетентные сотрудники продвигаются на более высокую должность, всегда наступает момент, когда должности в компании (особенно на уровне руководства) укомплектованы некомпетентными сотрудниками. Этот принцип схож с законом Паркинсона в том, что касается продвижения государственных служащих.

- В 1975 году **Фредерик Брукс** (компьютерный инженер и профессор университета, родился в 1931 году) опубликовал книгу под названием *"Мифический человеко-месяц"*. Он объясняет, как добавление персонала в проект, который уже задерживается, только увеличит окончательную задержку. Он критикует единицу измерения, часто используемую в управлении проектами, — человеко-месяц, то есть объем работы, выполняемой человеком за один месяц. Однако этот объем во многом зависит от общей организации проекта, условий труда и т.д. Этот вывод имеет общие основания с объяснением Паркинсона о расширении объема работы, чтобы заполнить количество времени, имеющегося для ее выполнения. Этот подход также сравнивали с некоторыми законами расширения газов, но эта параллель скорее сравнение, чем сходство.

- Рассматривая Паркинсона как писателя, пишущего о чем-то среднем между юмором и экономикой, можно также сравнить его с **Огюстом Детёфом** (промышленник и писатель, 1883-1947). Он был автором нескольких сборников изречений и мыслей, учился в Политехнической школе, а затем основал компанию *Alsthom*. Его тексты полны размышлений из мира бизнеса, в них есть несколько ссылок на время и на то, как лучше его использовать. Эти юмористические мысли часто напоминают подход закона Паркинсона об увеличении времени, необходимого для выполнения конкретной задачи.

В мире социальных наук с начала ˣˣ века несколько авторов изучали влияние бюрократии, делая выводы, схожие с теми, что были сделаны Сирилом Норткотом Паркинсоном. Здесь стоит упомянуть трех из них.

- Согласно **Максу Веберу** (немецкий социолог, 1864-1920), рост капитализма приводит к появлению нового типа авторитета. Если феодальные общества, опирающиеся на личный авторитет, и деспотические режимы (такие как бонапартизм) основаны на харизматическом авторитете, то капитализм порождает подчинение правилу, так называемый рациональный авторитет. Человек обладает контролем в соответствии с положением, которое он занимает в иерархии, и полномочиями, которые связаны с этим положением. Затем появился термин "бюрократия", используемый Максом Вебером без уничижительного оттенка для описания растущей роли государственной администрации и компаний в современных обществах. Напротив, он считает бюрократию наиболее успешной социальной формой, поскольку она основана на верховенстве закона и помогает выжить тем, кто занимается решением задач.

- Подход **Людвига ван Мизеса** (австрийско-американский экономист, 1881-1973) гораздо более критичен. В 1944 году в книге *"Бюрократия"* он осудил растущий вес государственных администраций в современной экономике и препятствия, которые они представляют для роста экономической активности. Возможно, этот текст вдохновил Паркинсона, который, утверждая, что разработал правило, объясняющее темпы роста числа государственных служащих, был обеспокоен тем временем, когда эта категория будет представлять всю рабочую силу.

- В ходе этих исследований французский социолог **Мишель Крозье** (1922-2013) показал, как чиновники в бюрократической системе постепенно освобождаются от правил, чтобы создать пространство для свободы. Это исследование может объяснить, почему сотрудникам крупных организаций требуется все больше и больше времени для выполнения своей работы, создавая тем самым условия для найма новых агентов, как описал Паркинсон.

Начиная с 1970-х годов, теория нового государственного менеджмента занимается вопросами управления государственной администрацией и ищет методы модернизации, во многом вдохновленные управлением частными компаниями. Отношение к пользователям как к клиентам требует развития эффективных агентств, которые распределяют услуги, а центральное правительство лишь устанавливает руководящие принципы. Этот подход, широко принятый, но также часто критикуемый, пытается преодолеть бюрократию и ее особенности.

ПРАКТИЧЕСКОЕ ПРИМЕНЕНИЕ

Будь то крупные частные компании или государственные органы управления, менеджеры пытаются создать инструменты для борьбы с основными тенденциями, выявленными Паркинсоном.

Однако в государственном управлении эти средства зачастую более ограничены, чем в частном секторе. Положения о персонале ограничивают полномочия иерархии: их можно уволить только в исключительных обстоятельствах, а при определении заработной платы редко учитываются объективные элементы эффективности работы. Во всех западных странах последние события привели к повышению эффективности государственного управления, преследуя следующие цели:

- более тщательный контроль за чиновниками и, таким образом, ограничение эффекта расширения рабочего времени;

- упрощение административных процедур путем противодействия бюрократическим тенденциям;

- наконец, ограничение роста рабочей силы в сфере государственных услуг, включая стремление сократить число государственных служащих, идя вразрез с предсказаниями Паркинсона о неизбежном росте числа государственных чиновников при заданной скорости.

СОВЕТЫ И РЕКОМЕНДАЦИИ

Управление целями

Многие страны внедрили систему управления по целям. До начала 1990-х годов национальные бюджеты редко включали связь между целями и средствами. В большинстве стран-членов ОЭСР (Организация экономического сотрудничества и развития) эти процедуры затем постепенно развивались. Во Франции, например, органический закон, касающийся финансового законодательства (LOLF), принятый в 2001 году и введенный в действие в 2006 году, является частью этого движения. В нем национальные бюджеты планируются по программам, при этом усиливается возможность проверки их исполнения. Таким образом, он призван распределять ресурсы для достижения целей, поставленных государственными органами, под пристальным вниманием парламента. Эти новые процедуры призваны лучше организовать работу государственной службы и ее сотрудников, а значит, бороться с негативными последствиями бюрократии, как это анализировал Паркинсон. Необходимо определить ограниченное количество четких целей, чтобы они не противоречили друг другу.

Разработка стимулов и проверок

Поддержка такого управления по целям на национальном уровне, вовлечение государственных служащих стали предметом многих экспериментов. Поощрение работников к большей эффективности и усиление проверок – это две стороны одного и того же вопроса: как можно повысить производительность государственных служб?

Дания, например, разработала систему контрактного вознаграждения для государственных служащих с целью, чтобы доля вознаграждения, связанного с результатами работы, достигла 20% от заработной платы. Эта оценка осуществляется посредством диалога между работником и руководителем, за которым наблюдает представитель профсоюза. Недавняя переоценка этой политики, установленной 20 лет назад, показала, что цели, связанные с результатами работы, принимаются лучше, когда от них зависит часть зарплаты, поскольку работник понимает и принимает показатели и методы оценки. Другие страны решили развивать зарплату государственных менеджеров, тех, кто руководит службами и агентствами и получает премии или повышение в должности в зависимости от успеха их команд.

По-прежнему существует необходимость в разработке соответствующих показателей эффективности. Они должны соответствовать целям государственной службы, но не быть чисто счетными. Трудно оценить работу полицейского по количеству выписанных штрафов или арестов. Но как можно оценить его работу по предотвращению преступлений? Как можно измерить события, которые не произошли? Кроме того, в любом секторе, частном или государственном, любая оценка сопряжена с риском ее присвоения теми, кто ей подвергается. Участники примут установки, направленные на улучшение показателей, в ущерб другим аспектам своей работы, не менее важным, но менее легко измеряемым показателями. Установление показателей эффективности для постепенного контроля работы в соответствии с поставленными целями требует осмотрительности и тщательного рассмотрения.

Наконец, стимулы и проверки могут быть осложнены статусом государственной службы. В странах с карьерными системами неподвижность государственных служащих, назначенных на уставные должности, может препятствовать созданию подлинной структуры индивидуальных и коллективных стимулов.

 # КАРЬЕРНЫЕ СИСТЕМЫ И СИСТЕМЫ ДОЛЖНОСТЕЙ

В государственных службах существует два типа организации.

В системах карьерного роста сотрудники поступают на государственную службу после экзамена или конкурса. Они подчиняются иерархической организации, где прогресс связан с баллами, полученными за выслугу лет и градацию. Гарантии занятости, как правило, гарантированы.

И наоборот, системы должностей призывают человека, который считается наиболее квалифицированным для выполнения той или иной функции, даже если она не относится к государственным услугам. Более гибкая, эта система ближе к частному рынку труда.

Обратите внимание, что во Франции эти две системы сосуществуют. Государственная служба относится к карьерной системе, в то время как местные советы функционируют скорее как частный рынок труда, с чиновниками, но также и с работниками со стороны для замещения некоторых должностей по временному контракту.

Уменьшение штата

Закон Паркинсона был создан в 1950-х годах, в период бурного роста относительно закрытых экономик, когда ни вес государственных расходов, ни конкуренция между налоговыми системами еще не вызывали дискуссий. С тех пор ситуация изменилась. Государственные бюджеты, особенно после финансового кризиса 2008 года, были ужесточены; европейские государства хотят контролировать расходы. С начала 1990-х годов были начаты значительные стабилизационные меры, вплоть до сокращения численности государственной рабочей силы. Данные ОЭСР свидетельствуют об относительной стабильности числа чиновников в большинстве государств-членов этой организации в период с 1991 по 2001 год. Только Люксембург показывает средний рост на 4% в год. Франция не участвовала в данном исследовании.

Было реализовано несколько стратегий:

- Приватизация, проведенная с 1990-х годов во многих странах, привела к изменению статуса государственных служащих или вновь принятых на работу. Такое сокращение государственного вмешательства наблюдалось, например, во Франции при приватизации таких крупных компаний, как France Telecom. Чиновники из Министерства почты и телекоммуникаций были постепенно заменены на частных сотрудников компании France Telecom (теперь Orange), а государство теперь владеет лишь небольшой долей капитала.

- Многие страны уже несколько лет пытаются сдержать численность государственной рабочей силы. Политики по незамещению агентов, выходу на пенсию и найму привели к стагнации или даже небольшому снижению числа государственных служащих.

- Некоторые государства более явно противоречат закону Паркинсона, применяя более жестокую политику заметного сокращения числа государственных чиновников. В Германии в 1990-х годах государство отделилось от некоторых чиновников после воссоединения страны.

Политика децентрализации создала иллюзию значительного сокращения. Так, согласно данным Счетной палаты, в период с 2000 по 2007 год численность государственных служащих в государственных общественных службах оставалась стабильной, что является первым случаем для таких стран, как Франция, которая очень привязана к государственному вмешательству. Но в то же время число сотрудников местных советов выросло на 400 000 человек в результате последовательных мер по децентрализации, которые передали новые обязанности местным органам власти, включая технический персонал, отвечающий за колледжи (генеральные советы) и средние школы (региональные советы). Таким образом, это скорее операция на водяной бане, чем реальная политика стабилизации государственных служащих.

ТЕМАТИЧЕСКОЕ ИССЛЕДОВАНИЕ – ГОСУДАРСТВЕННАЯ СЛУЖБА БЕЛЬГИИ

Бельгия является интересным примером государственной службы, основанной на жестком статусе, со значительным количеством работников, составляющим на конец 2013 года около 840 000 человек. Недавние реформы попытались обратить вспять тенденцию неуклонного роста численности сотрудников, описанную Паркинсоном. Это способ отреагировать на экономический кризис, а также восстановиться после эрозии доверия между правительством и гражданами. В то время как федеральное государство прилагает усилия, постепенная федерализация страны привела к тому, что регионы и общины развивают свой персонал, чтобы взять на себя новые задачи, так что число государственных служащих продолжает расти.

МОДЕРНИЗАЦИЯ ГОСУДАРСТВЕННЫХ УСЛУГ

Традиционно бельгийская государственная служба характеризовалась низкой мобильностью сотрудников, значительной карьерной системой и определенной жесткостью, как и многие европейские государственные службы. Начиная с 1990-х годов, растущее бремя государственного долга, пик которого пришелся на 1993 год и составил 137%

ВВП, заставило страну попытаться модернизировать государственные службы, чтобы снизить расходы и одновременно повысить эффективность. На долю государственных служб приходится около 17% ВВП Бельгии, что является относительно низким показателем, но к этому необходимо добавить больничный персонал, который не включен в статистическую базу.

На федеральном уровне для повышения эффективности и борьбы с чрезмерным увеличением рабочего времени и численности государственных служащих, описанным Паркинсоном, были введены программы подготовки управленческих кадров, карьерной мобильности и ответственности руководителей. Регионы и сообщества также развивали свои методы. Во Фландрии были введены шестилетние сроки для высших должностных лиц. Государственная служба была реорганизована в департаменты, с большими полномочиями для руководителей. В Валлонии была проведена перегруппировка, а региональные власти еще больше разделили оперативные функции между различными департаментами.

 ЗНАЕТЕ ЛИ ВЫ?

Бельгийская государственная служба часто использует контрактный персонал, временных работников или субподрядчиков для выполнения конкретных задач, несмотря на их более высокую стоимость, чтобы уменьшить жесткость государственного управления. На самом деле, эти сотрудники более гибкие, поскольку они не назначаются.

Чтобы стать государственным служащим, кандидаты должны сдать ряд экзаменов, а для отбора старших должностных лиц, помимо этого первого отбора, кандидаты должны встретиться с дисциплинарным советом, состоящим из специалистов по навыкам, необходимым для вакансий, которые, как правило, являются профессионалами из государственного и частного секторов.

ФЕДЕРАЛИЗАЦИЯ В КОНЕЧНОМ ИТОГЕ ПОДТВЕРЖДАЕТ ТЕОРИЮ ПАРКИНСОНА

Федеральное правительство также взяло на себя обязательства по проведению политики сокращения персонала в государственных службах Бельгии. В бюджетных обязательствах страны предусмотрены меры по соблюдению Европейского пакта стабильности и роста, что привело к значительной экономии расходов на персонал, перечисленных на 2010-2014 годы. Они превышают 300 миллионов евро, перечисленных на 2013 и 2014 годы.

В то же время страна усилила федерализацию, передав многие обязанности местным и региональным властям. Усилия по сдерживанию государственной занятости на уровне деферентов были сорваны ростом государственных служб в регионах и общинах. С 2000 по 2010 год занятость в федеральном секторе росла умеренно, в целом на 4,5% (далеко не те 5-6% в год, которые ожидал Паркинсон). Однако за тот же период она увеличилась на 20,5% в общинах и провинциях и на 22,7% в регионах. Занятость в государственном секторе на всех уровнях росла быстрее, чем общая занятость с 2000 по 2010 год (13,8% против 9,2%). Неопределенность частного рынка отталкивает кандидатов, которые ищут гарантии занятости, обеспечения стабильности своей карьеры и своих задач.

Этот пример иллюстрирует трудности, с которыми сталкиваются страны при ограничении числа государственных служащих. Наследие предыдущего законодательства, которое с трудом удается смягчить новой управленческой практикой, законные ожидания населения в отношении государственных услуг и движение за децентрализацию или федерализацию, которое очень ярко выражено в Бельгии, но присутствует во многих европейских странах, где ценится местный уровень, — все это приводит к сложному контролю над персоналом, не говоря уже о том, что это оружие может быть использовано для борьбы с безработицей. Но в то время, когда государственные счета тщательно изучаются Европейской комиссией, Счетной палатой и финансовыми рынками, а глобализация оказывает понижающее давление на уровень обязательных налогов, создавая конкуренцию между фискальными системами западных стран, этот вопрос появляется в политической и экономической повестке дня. Все государства пытаются ограничить прогнозы Паркинсона, причем с относительным успехом.

РЕЗЮМЕ

- Закон Паркинсона предсказывает пропорциональное ежегодное увеличение числа государственных служащих от 5,17% до 6,56%, независимо от объема работы.

- Сирил Норткот Паркинсон основывает свои рассуждения на трех предположениях:

  - государственный служащий будет использовать все имеющееся время для выполнения своей работы;

  - он всегда предпочтет иметь подчиненных, а не сослуживцев, исходя из логики карьерного роста;

  - государственные служащие создают работу друг для друга.

- Закон Паркинсона в высшей степени сатиричен, но согласуется с более научными теориями о бюрократии.

- Она обращает внимание читателя на серьезную финансовую проблему, но, кажется, полностью игнирирует аспект управления человеческими ресурсами и эффективности.

- Сегодня государственные службы прилагают значительные усилия, особенно в области человеческих ресурсов, для борьбы со своей естественной тенденцией к росту, чтобы контролировать государственные финансы и качество услуг, предоставляемых населению.

ДАЛЬНЕЙШЕЕ ЧТЕНИЕ

БИБЛИОГРАФИЯ

Демонти, Б. (2013) Record de fonctionnaires en Belgique. *Le Soir*. [Online]. [Accessed 7 July 2014]. Доступно по адресу: < http://www.lesoir.be/160948/article/actualite/belgique/2013-01-14/record-fonctionnaires-en-belgique>.

ОЭСР. (2005) *Модернизация правительства: The Way Forward*. [Online]. [Accessed 7 July 2014]. Доступно по адресу: < http://www.oecd-ilibrary.org/governance/modernising-government_9789264010505-en>.

ОЭСР. (2007) *Examen de l'OCDE sur la gestion des ressources humaines dans la fonction publique : Belgique*. [Online]. [Accessed 7 July 2014]. Доступно по адресу: < http://www.oecd.org/fr/gouvernance/emploi-public/39375860.pdf>.

ОЭСР. (2011) *Preésentation de l'Étude économique sur la Belgique 2011 : Trois enjeux stratégiques pour la Belgique*. [Online]. [Accessed 7 July 2014]. Доступно по адресу: < http://www.oecd.org/fr/belgique/etudeeconomiquedelabelgique2011.htm>.

Паркинсон, К. Н. (1983) *Законы Паркинсона*. Париж: Робер Лаффон.

Мы хотим услышать от вас!
Оставьте комментарий о вашей онлайн-библиотеке
и поделитесь своими любимыми книгами в социальных сетях!

IMPROVE YOUR GENERAL KNOWLEDGE

IN THE BLINK OF AN EYE!

www.50minutes.com

Мастер ISBN: 9782808601467

Бумажный ISBN: 9782808602914

Легальный депозит: D/2022/12603/292

Цифровое оформление: Primento,

цифровой партнер издателей.